JN023462

北アメリカ州の国
➡第5巻 36、38ページ

カナダ／ハイチ(P19)／パナマ

アメリカ
➡第2巻

南アメリカ州の国
➡第5巻 37、39〜40ページ

アルゼンチン／チリ
ブラジル／ペルー

オセアニア州の国
➡第5巻 42〜45ページ

オーストラリア／ニュージーランド
ミクロネシア／マーシャル諸島

もっと調べる

世界と日本のつながり

中国

[監修] 井田仁康

3

岩崎書店

もくじ

もっと調べる
世界と日本のつながり❸
中国

パート3

子どもたちの毎日を のぞいてみよう

パート4

人やモノの つながりを見てみよう

※ 地図は簡略化して掲載しています。島などは一部省略しているページもあります。
※ 国名、首都名は、日本外務省の表記をもとにし、一般的によく使う略称でも表記しています（例：中華人民共和国→中国）。
※ 主な数値は、日本外務省ホームページ、『世界国勢図会 2019/20年版』（矢野恒太記念会）、『データブック オブ・ザ・ワールド 2019』（二宮書店）などを出典としています。
※ とくに記載がないものについては、2019年12月までの情報をもとに執筆、作成しています。

ビッグスケールで
14ヵ国ととなり合う

中国は、日本と海を隔てた大きな隣国。日本の約25倍の
国土に、地球上の人間の5分の1近くがくらしています。

こんなに
たくさんの国が
まわりにあるん
だよ

カザフスタン

キルギス

タジキスタン

中国

アフガニスタン

パキスタン

インド　　ネパール

ブータン

ミャンマー

男の子に
人気の名前
ハオユー

女の子に
人気の名前
ズーハン

通 貨 **人民元**

10元＝148.79円（2019年8月現在）

中国のお金には元、角（毛）などがあり、1元＝10
角（毛）です。紙幣の色やサイズは、額面によってさま
ざま。硬貨は1元、5角（毛）、1角などがあります。通
貨記号は「¥」なので、日本円とまちがえないように。

世界一人口の多い国。
昔も今もつながりは深い

　現在の中国は、1949年に中国共産党のもとに建国された社会主義国家で、正式国名は「中華人民共和国」といいます（P12）。

　中国の特徴は、なんといっても、そのスケールの大きさです。人口は約14億人と世界一。東西に広がる国土は約960万k㎡で、ロシア、カナダ、アメリカについで、世界で4番目に大きな国です。その国境は14の国ぐにに接していて、列車などで行き来することができます。

　日本は、海を隔てて中国ととなり合う国の1つ。約2000年前から交流があり、宗教や文化、政治など、さまざまな面で大きな影響を受けています。

　近年、急速な経済発展をとげた中国は、世界でも大きな存在となっています。

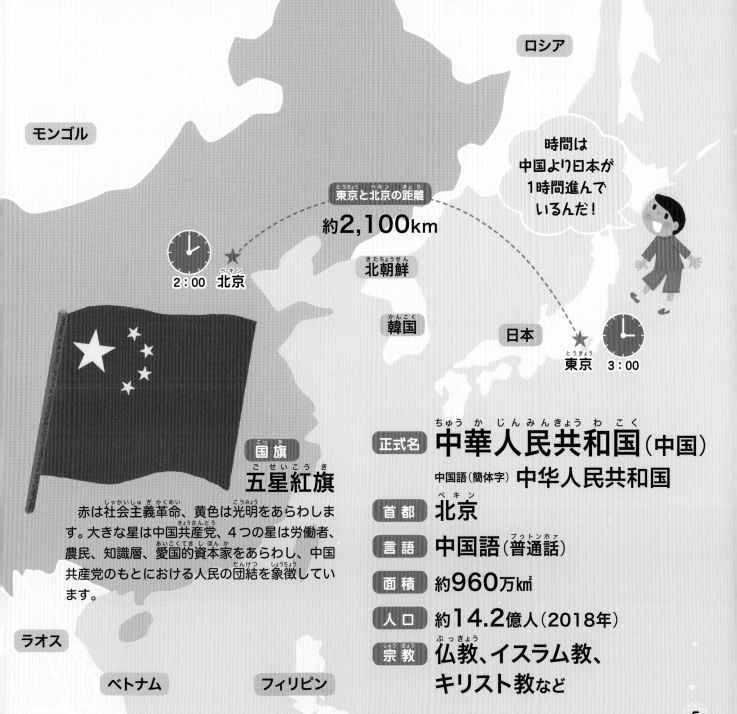

モンゴル

ロシア

時間は
中国より日本が
1時間進んで
いるんだ！

東京と北京の距離

約2,100km

北朝鮮

2:00　北京

韓国

日本

東京　3:00

ラオス

ベトナム　　フィリピン

国旗
五星紅旗

赤は社会主義革命、黄色は光明をあらわします。大きな星は中国共産党、4つの星は労働者、農民、知識層、愛国的資本家をあらわし、中国共産党のもとにおける人民の団結を象徴しています。

正式名	**中華人民共和国**（中国）
中国語（簡体字）	**中华人民共和国**
首 都	**北京**
言 語	**中国語**（普通話）
面 積	**約960万k㎡**
人 口	**約14.2億人**（2018年）
宗 教	**仏教、イスラム教、キリスト教**など

ダイナミックな自然がいっぱい

広大な中国では、山脈に高原、砂漠、大河など、
地形もダイナミックに変化します。複雑な地形は
複雑な気候を生み、人々の生活に大きく影響しています。

56もの民族が
くらしているよ

さまざまな自然風土のなかで
たくさんの民族がくらす

北京の月平均気温
1月：－3.1℃
7月：26.7℃

（資料：「地点別平年値
データ・グラフ」気象庁）

　中国の地形は「西高東低」が特徴です。西南部に広がるのは、平均標高4,500mにもなるチベット高原。その南側は8,000m級の山やまがそびえるヒマラヤ山脈、北側にはタクラマカン砂漠やゴビ砂漠があります。一方、海に面した東側は、黄河や長江などの大河がゆったりと流れ、その流域には豊かな平原が広がります。

　複雑な地形から気候もさまざま。雨は東南部に多く、内陸部では少なくなります。多くは大陸性モンスーン気候に属しますが、熱帯や亜寒帯に属する地域もあります。この多様な自然風土のなかで、言語や習慣のことなる56の民族がくらしています。漢民族が全体の約92％をしめ、それ以外は少数民族とよばれています。

新疆ウイグル自治区

タリム盆地
タクラマカン砂漠

青海

チベット高原

チベット自治区

ヒマラヤ山脈

A

自然豊かな中国では、希少な動植物も多い。日本でも人気のパンダは、四川省や陝西省の山岳地帯に生息する。

B

広西チワン族自治区にある桂林。切り立った石灰岩の山やまと川の流れがおりなす景観は、幻想的な水墨画のよう。

草原や砂漠の大自然が広がる内モンゴルには、モンゴル族をはじめ、多くの民族がくらしている。

こんなに広いのに中国国内には時差がないんだって！

アメリカは自国内でも時差があるが、中国は北京時間を標準時刻として統一し、時差はない。

甘粛省にある敦煌は、かつてシルクロードの中継都市であった。その西にはタクラマカン砂漠が広がっている。

ゴビ砂漠
（モンゴルから、内モンゴル自治区、甘粛省にかけて広がる）

黄河

C

黒竜江省（ヘイロンチヤンしょう）

吉林省（チーリンしょう）

内モンゴル自治区（うち）

遼寧省（リヤオニンしょう）

(P6-7写真) ©中国駐大阪観光代表処

北京市（ペキンし）

天津市（テンチンし）

河北省（ホーペイしょう）

寧夏回族自治区（ニンシアホイ）

山西省（シャンシーしょう）

山東省（シャントンしょう）

E

甘粛省（カンスーしょう）

陝西省（シャンシーしょう）

河南省（ホーナンしょう）

江蘇省（チヤンスーしょう）

安徽省（アンホイしょう）

A

湖北省（フーペイしょう）

上海市（シャンハイし）

四川省（スーチョワンしょう）

F

重慶市（チョンチンし）

浙江省（せっこうしょう）

湖南省（フーナンしょう）

江西省（チヤンシーしょう）

長江（ちょうこう）

貴州省（コイチョウしょう）

G

福建省（フーチエンしょう）

雲南省（ユンナンしょう）

B

広西チワン族自治区（コワンシー）

広東省（コワントンしょう）

海南省（ハイナンしょう）

山東省（シャントンしょう）にある泰山（たいざん）。古代皇帝（こうてい）が天地をまつる儀式（ぎしき）（封禅（ほうぜん））を行った神聖（しんせい）な山で、廟（びょう）や数多くの遺跡がある。

湖南省（フーナンしょう）には「武陵源の自然景観（ぶりょうげん・けいかん）」として世界遺産（いさん）に登録された、山水画（さんすいが）のような絶景（ぜっけい）が広がる。

長江（ちょうこう）は世界で3番目に長い河川。けわしい山中に3つの峡谷（きょうこく）がつらなる「三峡（さんきょう）」は景勝地（けいしょうち）として有名。

中国を引っぱる大都市たち

中国は、省、自治区、直轄市、特別行政区に分けられています。
直轄市の北京や上海、特別行政区の香港・マカオなどの都市は、沿岸部に多くあります。

北京

毛沢東が中華人民共和国の建国を宣言した都市。中国の首都で、政治、経済、文化の中心です。急速な近代化が進む一方、古代中国の宮殿（紫禁城）など、歴史的な街なみも残っています。

©ESB Professional／Shutterstock.c

上海

中国最大の商工業都市。中国最大の港と金融センターがあり、国際ビジネスの拠点となっています。かつては諸外国の居留地（租界）だったため、西洋風の建築物も多く見られます。

©中国駐大阪観光代表処

香港・マカオ

©香港政府観光局

香港は1997年にイギリスから、マカオは1999年にポルトガルから、中国に返還されました。どちらも50年間の自治権や自由な経済活動がみとめられています。社会主義国家のなかに資本主義体制がある状態で、「一国二制度」といいます。

©マカオ政府観光局

世界遺産が伝える
さまざまな文化と長い歴史

中国の世界遺産登録数は55件で、イタリアとならんでトップ（2019年現在）。中国の長い歴史を今に伝えています。万里の長城をはじめ、漢民族の文化遺産が圧倒的に多いのですが、なかには少数民族の文化遺産もあります。

中国にはさまざまな世界遺産があるんだ！

万里の長城。北方からの侵入をふせぐためにつくられた世界最大の城壁。

（世界遺産4点の写真）©中国駐大阪観光代表処

ポタラ宮。チベット自治区のラサにある宮殿。チベット仏教の総本山として、各地から巡礼者が訪れる。

（左）河南省にある龍門石窟。岩山をほってつくられた寺院。（下）故宮（紫禁城）。24人の皇帝が政治を行った。

歴史のつながりを知ろう

中国は黄河流域で文明がおこってから、数多くの王朝の繁栄と滅亡をくり返してきました。そのなかで日本とは2000年あまりの交流の歴史があります。

年	主なできごと
紀元前1600年ごろ	殷という統一国家がおこる
紀元前1100年ごろ	殷をほろぼし、周が成立する
紀元前8世紀ごろ	周の力が弱まり、戦乱の時代へ（春秋・戦国時代とよばれる）
紀元前551年	孔子が生まれる
紀元前221年	長く続いた争いを始皇帝が統一し、秦が成立する
紀元前206年	秦がほろびた後に、漢がおこる

©中国駐大阪観光代表処

たくさんの王朝が生まれては消えていった

　中国の文明は古代、黄河や長江流域での農耕社会にはじまります。もっとも古い王朝は殷で、続いて周がおこります。周が衰退すると、小国の争いが続きます。この時期に、政治や外交の新たな考え方を説く思想家が大勢あらわれます。

　孔子をはじめとする思想家たちは「諸子百家」とよばれ、のちの中国思想の土台をつくりました。

　戦乱の世を勝ちぬき、中国統一をはたしたのが秦です。始皇帝が中央集権制をとり、貨幣や文字を統一。北方民族の侵略に備えて、万里の長城を築きました。しかし、始皇帝の死後に秦は滅亡し、漢がおこります。

秦の始皇帝が中国で最初に天下を統一したよ

始皇帝の墓（陝西省の西安にある）の近くに副葬された兵馬俑。馬や兵士の人形が約8,000点もならぶ。

年	主なできごと
1世紀ごろ	日本の奴国の王が皇帝から金印をさずかる ★
3世紀	漢がほろびた後、魏・呉・蜀が中国を分割して争う三国時代へ
589年	隋がおこり、南朝と北朝で対立していた中国を統一する
607年	聖徳太子が遣隋使を派遣する ★
618年	隋がほろび、唐がおこる
8世紀	唐が栄える。日本から遣唐使が派遣される ★
894年	遣唐使が廃止される
907年	唐がほろびる

日本と中国の交流がスタート

日本と中国の交流のはじまりは1～2世紀ごろで、日本は弥生時代。日本の奴国の王が、後漢の光武帝に貢ぎ物をして金印をさずかりました。続く三国時代には、邪馬台国の女王・卑弥呼が魏に使いを送り、親魏倭王の称号と金印をたまわったといいます。

奴国の王がさずけられた金印。「漢委奴国王」の刻印がある。

福岡市博物館所蔵
画像提供：福岡市博物館／DNPartcom

多くの留学生が日本から中国へ

6世紀末、分裂していた中国が再び統一されると、日本はたびたび遣隋使や遣唐使を派遣します。とくに618年に建国された唐は、長安の都を中心に栄えた大帝国。命がけで唐にわたった留学生や僧らは、何年も唐で学び、経典、書物、美術工芸品などをたくさん持ち帰りました。唐の高僧・鑑真も、正式な仏教を広めるために来日します。

唐文化を吸収した日本は、大宝律令を制定し、貨幣を発行。平城京を都として天皇中心の国づくりを進めました。このなかで花開いたのが、国際色豊かな天平文化です。

画像提供：奈良市（模型は奈良市役所所蔵）

長安をモデルにした平城京の復元模型。碁盤の目のように区分けされている。

沖縄県立博物館・美術館所蔵

貿易などでにぎわう那覇の港がえがかれた「進貢船之図」。

王朝が変わっても日中の交易は続く

　遣唐使は9世紀末になくなりましたが、貿易関係は続きました。12世紀には、平清盛が、中国を統一した宋との間で日宋貿易を進めます。つぎの明の皇帝は、中国沿岸で活動していた海賊集団（倭寇）の取りしまりを日本に求めます。これに応じる形で、室町幕府将軍・足利義満が国交をむすび、日明貿易がさかんに行われました。
　沖縄の琉球王国も明と国交をむすび、那覇は国際貿易の中継地点となりました。

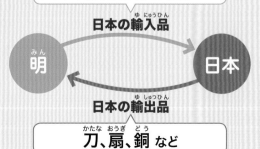

生糸、絹織物、陶磁器 など

日本の輸入品

明　→　日本

日本の輸出品

刀、扇、銅 など

年	主なできごと
979年	分裂時代の後、宋が中国を統一
★12世紀	日宋貿易が行われる
1206年	チンギス・ハンがモンゴル帝国を建国
1271年	フビライ・ハンが国号を元とする。1279年に宋（南宋）をほろぼし中国を統一
1274年 1281年	元軍が日本の九州を襲来する（元寇）
★1368年	明が成立。15世紀には日明貿易がはじまる
17世紀	清が中国を統一する
1871年	日清修好条規がむすばれる
1894年	日清戦争がはじまる
1911年	辛亥革命がおこり、1912年に中華民国が成立 ★
1915年	日本が中国に対して二十一ヵ条の要求をつきつける
1919年	排日運動から五・四運動がおこる
1921年	中国共産党が結成される
1931年	満州事変がおこる
1937年	日中戦争がはじまる ★
1949年	中華人民共和国が成立する
1972年	日本と中国の国交が正常化され、1978年には日中平和友好条約がむすばれる
2008年	北京オリンピックが開催される

日本と台湾の つながりは？

台湾は、日清戦争後の50年間、日本の統治下にありました。1945年に中国に返還されて省の１つとなりましたが、台湾は中華民国としての立場をとっています。

日本は1972年に中国と国交をむすび、台湾は中国の一部という立場をとっています。そのため、台湾との国交はありませんが、民間レベルでの交流は非常にさかん。おたがいに重要な貿易相手で、観光客や留学生もたくさん行き来しています。

画像提供：南三陸観光協会

東日本大震災で被災した宮城県南三陸町の公立病院は、台湾をはじめとする国内外からの支援金をもとに、新しく建設された。その後も、台湾からのインターンシップ生を受け入れるなど、交流が続いている。

1972年の日中共同声明で、日本と中国は正式な国交をむすんだ。

写真：AP／アフロ

侵略や戦争の時代の後に 日中は新しい関係へ

明の後に中国を統一した清は、イギリスとのアヘン戦争に敗れます。朝鮮半島の主導権を争った日清戦争でも敗れ、中国の植民地化が進みました。疲弊した清は倒れ、孫文が中華民国を建国しますが、混乱は続きます。そして1931年、満州事変をきっかけにはじまったのが日中戦争。中国全土に広がった戦争は８年にもおよびました。

中華人民共和国の建国は、第二次世界大戦後の1949年です。以来、たびたび政治的混乱に陥り、文化大革命や天安門事件など痛ましい事件もありましたが、1980年代から急速に経済が発展しました。

長い間、とぎれていた日中の国交は、1972年の日中共同声明によって、正常化されました。対立国から重要な貿易相手へと、大きな変遷をとげた日本と中国。また新しい関係づくりが求められています。

©中国駐大阪観光代表処

北京オリンピックのメインスタジアムである、北京国家体育場。

伝わる! 楽しい! 中国語で話してみよう

中国で主に使われているのは中国語。「你好（こんにちは）」や
「谢谢（ありがとう）」は聞いたことがあるでしょう。
ここでは自己紹介の言葉を紹介します。

「ニーハオ」は
朝なら「おはよう」
夜なら「こんばんは」
の意味で使えるよ

ニー ハオ
你好！
こんにちは！
（「はじめまして」の意味もある）

ウォージアオ
我叫●●
わたしの名前は●●です

ニイハオー

ウォーシィーアールスイ
我十二岁
わたしは12歳です

ウォー シ ツォン
我是从
リー ベン ライ ダ
日本来的
日本から来ました

ウォー デ アイ ハオ シー ツゥーチィウ
我的爱好是足球
趣味はサッカーです

シェ シェ
谢谢
ありがとう

これはビックリ！ 中国人どうしなのに通じない？

中国でも、日本の方言と同じように、上海
語や広東語など、地域でちがう話し言葉があ
ります。ちがいが大きすぎて、中国人どうし
でも通じないことがあるほど。中国全土で通
じるのは、北京語をもとにした標準語（普通
話）で、ここでも普通話を紹介しています。

中国語は
大きな声で
はっきりと話そう

小さい声で話すと、ひそひそ
話をしていると思われてしま
うのでよくない。

中国語と日本語の「漢字」は似てる？　似てない？

　日本語の漢字は、もともと中国から伝わったもの。とはいえ、中国語の漢字と発音はまったくちがいますし、意味のちがう言葉も多くあります。たとえば「手紙」は、中国語ではなんと「トイレットペーパー」という意味。漢字そのものも、「繁体字」と、一部を省略した「簡体字」があります。

「走」という漢字は、中国語だと"歩く"という意味をもつ。

漢字	中国語の意味
娘（むすめ）	お母さん
手紙	トイレットペーパー
勉強	無理やり
読書	勉強する
猪（いのしし）	豚（ぶた）
湯	スープ
汽車	自動車
作業	宿題
工作	仕事
机（つくえ）	機械
青	緑

妹は、日本語と同じ漢字を2つならべて「妹妹（メイメイ）」というよ

日本語	中国語
父 ➡	爸爸（爸）（パパ）
母 ➡	妈妈（妈）（ママ）
兄 ➡	哥哥（グーグ）
姉 ➡	姐姐（ジェジェ）
弟 ➡	弟弟（ディディ）

COLUMN

「四声」というメロディがたいせつ

　中国語は、漢字ごとに高低をつけて発音します。4つの高低のつけ方を「四声（しせい）」といい、記号（声調記号）であらわします。たとえば、「マー（ma）」は、「ma（平らにのばす）」なら「妈（お母さん）」ですが、「ma（下げてから少し上げる）」なら「马（馬）」になります。発音の仕方で、漢字も意味もまったくちがいますね。この四声を使った早口言葉もあります。

中国の早口言葉

妈妈骑马，马慢，妈妈骂马（マーマー チーマー マー マーマン マーマー マーマー）

お母さんが馬に乗る、馬がおそいので、お母さんが馬をおこる

みんな大好きな 中国の料理

中国は食文化の国。食をとてもたいせつにしています。
日本でもおなじみの中国料理、あなたは何が好きですか？

西方系（四川料理など）

　蒸し暑い西部では、食欲を増進させるからい料理が中心。唐辛子や花椒をたっぷり使った、しびれるようにからい料理を、汗を流しながら食べます。
　有名なのが長江上流域の四川料理で、麻婆豆腐やエビチリは、日本でもおなじみですね。タンタンメンやサンラータンも四川料理。海が遠いので、乾物や保存食もよく使われます。

©HelloRF Zcool／Shutterstock.com

©中国駐大阪観光代表処

南方系（広東料理など）

　広東省中心に発達した広東料理は、「食は広州にあり」といわれるほど、バラエティ豊か。新鮮な食材の持ち味を引き出す、あっさりした味つけが特徴です。ワンタンや海鮮チャーハン、酢豚、フカヒレスープなどがあります。野菜や魚介類はもちろん、ツバメの巣やカエル、ヘビ、トカゲ、犬も食材とします。また、「飲茶（P21）」の発祥地でもあります。

地域によって
食材も味つけもがらりと変わる

中国料理は「火」を使いこなす料理です。炒めてから煮る、揚げてからあんをからめるなど、調理法をかさねる手法が発達しています。乾物や発酵食品に優れ、油をよく使うのも特徴です。

食材や味つけは、地域によってさまざま。数十種類もの郷土料理のなかで、四川料理、広東料理、北京料理、上海料理が「中国四大料理」とよばれています。地方によってとれる穀物が

チベット民族のバター茶。煮出したお茶にヤクや羊の乳でつくったバターと塩が入っている。
©Alen thien／Shutterstock.com

大きくちがっていたため、南部では米、北部では小麦粉を使った料理をよく食べます。

また、少数民族も独自の食文化をもちます。たとえば、イスラム教徒の回族は羊肉をよく食べますし、内モンゴル地区やチベット自治区の遊牧民は乳製品をよく使います。

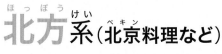

北方系（北京料理など）

めん類やマントウ（蒸しパン）、パオズ（中華まん）など、小麦粉を使った料理が中心。寒くて乾燥した地域なので、こってりした濃い味つけが好まれます。宮廷料理の流れをくむ北京料理が代表で、アヒルを丸ごと焼いた北京ダックが名物。クレープのような皮で包んで食べます。ジャージャーめんや水ギョーザも人気。

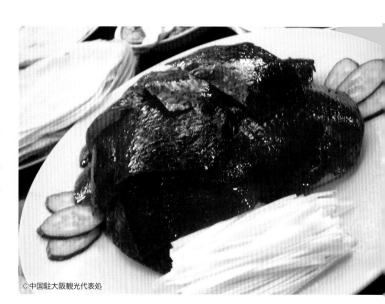

©中国駐大阪観光代表処

育つ穀物が
大きくちがったから
北では小麦が、
南では米が
主食なんだ

©中国駐大阪観光代表処

東方系（上海料理など）

中国最大の港・上海周辺で発達した上海料理は、魚介類たっぷりの料理が多いです。酒や酢、砂糖を利用した、コクのある甘さが特徴。強火で炒める、砂糖としょうゆで甘からく煮こむ、サッと蒸すなど多彩な調理法が用いられます。八宝菜や小籠包などがよく知られていますが、いちばん人気は上海ガニ。秋のごちそうです。

1日3食。おいしく楽しく食べる

食への意識が高い中国人は、1日3食かならずとります。街中には屋台や食堂、高級レストランなどがたくさんあって、外食することも多いです。朝食は屋台のおかゆなどで軽くすませて、夕食をしっかり食べるのが一般的です。

夕食は主食に、肉や野菜のおかずが3品ほど、そしてスープがつきます。冷たい料理はほとんどなく、炒め物が多いです。大皿に盛った料理を各自でとって、ごはんの上にのせて食べます。食事のマナーは、日本ほどうるさくいいません。楽しく食べることが、心にも体にもいちばんの栄養だと考えられているのです。

おいしい食事はいちばんのおもてなし

魚や肉の骨、果物の皮・種などは、テーブルに出してもよい。

たくさんの料理でもてなす

たっぷりのおいしい料理がいちばんのおもてなし。客側は少し残すのがマナーとされるが、最近は変わりつつある。

お客さまの席は、招いた側の主（ホスト）のとなり。ホストは自分のはしでお客さまに料理を取り分ける。

これはビックリ！

日本よりも長くて太いはしを使う

大皿から直接取り分けて食べるので、長くて太いはしを使います。取り分けるときの「探りばし」はNG。茶わんから、かきこむように食べるのは大丈夫。日本とはちがい、はしはたてにおきます。

牛肉も
人気があるけど
やっぱり豚肉を
よく食べるんだ

中国での牛肉消費量
は、近年増加してい
る。それでも豚肉の
消費量は牛肉の約7
倍もある。

豚肉を使った料理は多い

いろいろな食材が使わ
れるが、とくに多いの
が豚肉を使った料理。
ただたんに「肉」とい
う場合は豚肉をさす。

会話を楽しみながら食べる

みんなでおしゃべりしなが
ら、楽しく食べることをたい
せつにする。食事中に注意し
たり、おこったりするのはよ
くないこととされる。

年長の人から食べる

「いただきます」は言わない。年長の人
が、はしをつけてから食べはじめる。食
べるスピードはほかの人に合わせて。

1つで万能な調理器具

調理器具の主役は鉄製の中華なべ。炒める、煮
る、揚げる、蒸すと、1つで4役もこなす。大
きくて四角い包丁も、さまざまな作業ができる。

中国のなべ

炒める

煮る、ゆでる

蒸す

揚げる

中国の包丁

きざむ

骨ごと
断ち切る

集めて
すくう

つぶす

「体を冷やすのは
よくない」って
みんな知っているよ

体を冷やさないよう、果物以外は火を通したものを食べる。牛乳やお茶はホット、ビールも冷やさずに常温で飲む。

「食べ物は薬でもある」と中国では考えられている

　中国では古くから「薬食同源」といい、「食べ物は薬でもある」と考えられています。日本でもかぜのときは、ショウガ湯を飲んで体を温めますが、同じように、ふだんの食事にきめ細かに気を配り、健康を保つのです。

　たいせつなのが「五臓」と「五味」という考え方。五臓は、体のはたらきを「肝・心・肺・脾・腎」に分けたもので、食べ物は五臓に応じて「五味」に分けられます。五臓のどこかに不調があれば、それに応じた五味の食べ物で体調を整えます。

「五臓」のはたらきを「五味」で助ける

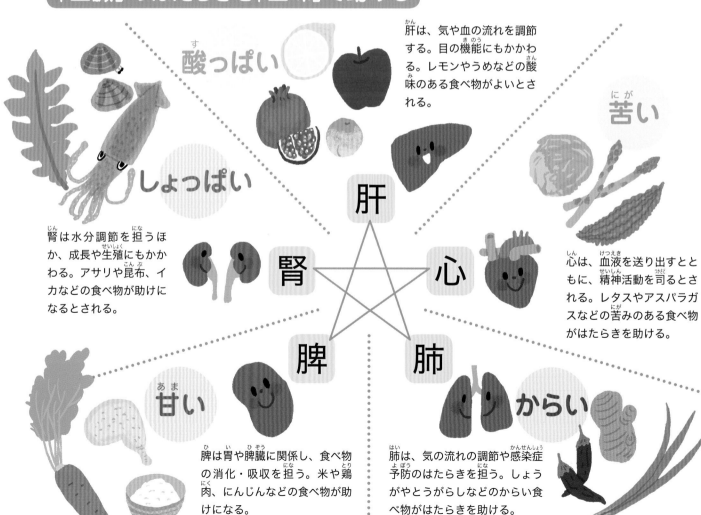

肝は、気や血の流れを調節する。目の機能にもかかわる。レモンやうめなどの酸味のある食べ物がよいとされる。

腎は水分調節を担うほか、成長や生殖にもかかわる。アサリや昆布、イカなどの食べ物が助けになるとされる。

心は、血液を送り出すとともに、精神活動を司るとされる。レタスやアスパラガスなどの苦みのある食べ物がはたらきを助ける。

脾は胃や脾臓に関係し、食べ物の消化・吸収を担う。米や鶏肉、にんじんなどの食べ物が助けになる。

肺は、気の流れの調節や感染症予防のはたらきを担う。しょうがやとうがらしなどのからい食べ物がはたらきを助ける。

酸っぱい
苦い
しょっぱい
甘い
からい

肝
腎　心
脾　肺

青、黒、黄…のカラフル茶

中国茶は、中国の「茶の樹」の若葉からつくる飲み物で、主に6種類あります。
もとは薬用でしたが、現在は日本をふくむ世界各国で愛飲されています。

う〜ん！
とってもいい香り

緑茶（リュウチャ）

もっとも古くからあるお茶で、種類も多い。茶葉を発酵させず、加熱・もみ・乾燥させてつくる。

白茶（バイチャ）

茶葉を加熱せずに、しぼませて、乾燥させてつくる。茶葉のうぶ毛が残るので、白っぽい。

黄茶（ファンチャ）

緑茶の工程に、茶葉を密閉容器で蒸らす工程を加えることで、黄色く仕上げる。

青茶（チンチャ）

緑茶と紅茶の工程を合体させてつくった、半発酵茶。日本で人気のウーロン茶は、青茶（チンチャ）の一種。

紅茶（ホンチャ）

茶葉をもんでから発酵させるので、茶褐色に仕上がる。中国人はあまり飲まない。

黒茶（ヘイチャ）

大量の茶葉を押し固めて、時間をかけて発酵させてつくる発酵茶。プーアール茶などがある。

©Africa Studio／Shutterstock.com

緑茶にジャスミンやキンモクセイなどの花を加えたもの。花の香りと独特の風味を楽しむ。

COLUMN

点心を食べながら
お茶の時間を楽しむ

広東省（コワントンしょう）の人びとは朝のお茶が大好き。そこで、お茶を飲みながら「点心（軽食）（てんしん）」をつまむ「飲茶（ヤムチャ）」が生まれました。点心には、ギョーザやシューマイのほか、ゴマ団子（だんご）などの甘（あま）いものもあります。

©香港政府観光局

伝統行事が祝日になった

旧暦1月1日（2月のはじめごろ）
春節（旧正月）

中国最大の祝祭日で3日間休み。ふるさとに帰って家族や親せきで集まり、ごちそうをつくって食べます。旅行に行く人も。お年玉や縁日なども、春節の楽しみです。

よく行われる龍舞は、幸運を運ぶという古典芸能。数m以上もの龍を、複数の人が棒であやつって踊らせる。

©マカオ政府観光局

4月5日前後
清明節

春の訪れとともに、お墓をそうじしてお参りをし、ごちそうを食べます。「先祖にお金を送る」という意味で、お墓の前で本物ではない紙幣を燃やす風習も。

1月 **2月** **3月** **4月** **5月** **6月**

1月1日
元日

西暦の新年にあたる元日は、1日だけ休みになる。

5月1日
労働節

5月1日が労働節（メーデー）で、3日間休みになる。

これはビックリ！
春節の日は毎年変わる

公的には西暦が使われていますが、伝統行事では、月の満ち欠けを基準とした旧暦が使われます。西暦とは1年で約11日のズレが生じ、春節の日づけは毎年変わります。

旧暦5月5日（6月前半ごろ）
端午節

薬草をつんだり、しょうぶ湯に入って、やくよけを行います。
古代の政治家・屈原が国の将来をなげいて川に身を投げたときに、魚が彼を食べないよう、人びとがちまき（P24）を川に投げこんだことがはじまりとされています。

©マカオ政府観光局

手漕ぎ舟（ドラゴンボート）のレースが各地で開催される。屈原を助けるために、こぞって舟を出したのがはじまり。

中国では民族ごとの伝統行事が、たいせつに受け継がれています。漢民族の春節、清明節、端午節、中秋節の４つは「四大祭」といわれ、公的な祝日になっています。

旧暦 8月 15日（9月後半ごろ）
中秋節

日本のお月見と同じで、中秋の名月にお供え物をして、美しい月を鑑賞する日。中国から、日本や韓国などの国に広まった、伝統的な行事です。

中国ではお団子ではなく、月餅（P24）や季節の果物をお供えします。満月にちなんだ、家族団らんの行事です。

幻想的な明かりをともすランタン。さまざまな形や大きさのランタンをともした、ランタン祭りも各地で開催されている。

©香港政府観光局

7月 8月 9月 10月 11月 12月

一部の人だけが休みになる休日もあるんだって！

14歳以下だけが休みになる児童節（6月1日）、女性だけ半休になる婦女節（3月8日）などもある。

10月 1日
国慶節

1949年10月1日に毛沢東が北京・天安門で中華人民共和国建国を宣言。建国記念日として、花火や爆竹で盛大に祝います。中秋節と合わせて1週間ほどの長い休みに。

国慶節の期間は、あちこちでイベントが催される。夜になると、観光地はライトアップされ、美しい夜景も楽しめる。

©Mirko Kuzmanovic／Shutterstock.com

23

お祝いのときには
特別なごちそうを食べる

　お祝いのときに、特別なごちそうを食べるのは楽しみ。新年をむかえる春節には、大みそかに親族が集まってごちそうを食べます。この年こしのごちそうは「年夜飯」といい、地方によってさまざまですが、魚や鶏肉、めん料理があります。また、春節で欠かせないのがギョーザ。日本では焼きギョーザが一般的ですが、中国ではゆでたり、蒸したりすることが多いです。

　ほかにも、端午節はちまき、中秋節は月餅と、行事とむすびついた食べ物があります。

©yuda chen／Shutterstock.com

春節　ギョーザ

　昔のお金に形が似ているギョーザは、「裕福」を願う縁起もの。家族みんなで皮から手づくりし、新年をむかえたら、ゆでて食べます。魚料理や甘いおもちも、春節のごちそう。

端午節　ちまき

　中国では味をつけたもち米を葉で包み、ゆでたり蒸したりするのが一般的です。もち米に混ぜる具はさまざまで、肉や栗、なつめ、ハム、卵、豆の甘煮などがあります。

©JIANG HONGYAN／Shutterstock.com

中秋節　月餅

　月餅は、小麦粉の生地であんを包み、型で整えて焼いたお菓子です。小豆あん以外に、黒ゴマ、ハスの実、松の実を使ったあんも。家族や親せきとおくり合うのが習慣です。

©香港政府観光局

トン族

タイ族

約126万人。雲南省の熱帯雨林・シーサンパンナに住む。

©kalapangha／Shutterstock.com

水かけ祭り タイ族の新年（4月中旬）のお祭り。仏像を水で清め、たがいに水をかけ合って豊かなめぐみと健康を願う。

©貴州省日本観光センター

大歌祭り 11月28日に行われる歌祭り。トン族は歌が上手なことで知られ、「大歌」をハーモニー豊かに合唱する。

ミャオ族

約894万人。約半数が貴州省に住む。そのほか、雲南省、湖南省、広西チワン族自治区など。

少数民族ならではの祝日や祭りもある

　貴州省をはじめ、主に山地にくらす少数民族も、独自の文化や風習をたいせつに受け継いでいます。自然そのものを魔よけや繁栄の象徴と考えており、タイ族の水かけ祭りのように、自然崇拝の祭りが多いです。また、若い男女の出会いを目的とした祭りもあります。ミャオ族の姉妹祭りは、世界最古のバレンタインデーともよばれ、若い男女がにぎやかに集います。

姉妹祭り 若者が結婚相手を探すお祭り。女性は気に入った男性に姉妹飯（色あざやかなおこわ）を手わたす。

（写真2点）©貴州省日本観光センター、台江県文体広電旅游局

赤い衣が力をあらわす？

民族衣装の形や色には、民族の生活や考え方が反映されています。中国の民族衣装というと、真っ赤なチャイナドレスが思い浮かびます。くわしく見ていきましょう。

えり
西欧の影響を受けて、立ちえりがついた。えりの高さはさまざま。

かざり
ふちどりやししゅうなどは、漢民族のデザインがよく用いられている。

スリット
はじめは前後中央と両わきにあったが、やがて両わきだけに。すそが長くなると、スリットも長くなる。

すそ
西欧のスカートたけの変化と同様に流行があり、ひざくらいから、かかとまでなどに変化した。

「チャイナドレス」

もとは古代王朝・清をつくった満州族の民族衣装で、旗袍といいます。満州族は馬に乗る習慣があり、動きやすいようにスリットがあります。

時代によって
シルエットなどが
少しずつ
変化しているのね

写真：AP／アフロ

2001年上海で開催されたアジア太平洋経済協力会議では、各国首脳が中国の民族衣裳を着用しました。つめえりやひもボタンが特徴。

（写真2点）©貴州省日本観光センター

チャイナドレスだけじゃない！

　有名な旗袍（チャイナドレス）は、実は中国の伝統的な民族衣装ではありません。満州族の民族衣装が、西欧の影響を受けて細身のワンピース型へと変化したものです。漢民族の伝統的な衣装は、そでが長くてゆったりした漢服。伝統文化復興運動の影響で、漢服を着る若者も増えています。少数民族も、独自の服飾文化をもっています。以前は、伝統的な結婚式では民族衣装が見られましたが、最近は西洋式の結婚式でウェディングドレスを着る花嫁も多いです。

ロングスカートミャオ族
ミャオ族は部族によって服飾がちがう。写真は、びっしりとししゅうをほどこしたプレートを金属でつなげたロングスカート。

色にはどんな意味がある？

赤
縁起がよく、おめでたいことを意味する。結婚式やお正月は赤のかざりが多く、花嫁のチャイナドレスも赤色。ただし、印鑑以外の赤い文字はNG。

白
白は葬式を意味する色。遺族は帽子から服、くつにいたるまで白色を身につける。ただし、若い人の結婚式では白のウェディングドレスも多い。

中国では色がもっている意味も大事だよ

黄
中国文明をはぐくんだ黄河や黄土の色で、皇帝のシンボルカラーとされる。「ダメになる」「いやらしい」といったマイナスのイメージももつ。

緑
豊かな自然や環境保護をイメージさせる色。ただし、緑色の帽子は「妻に浮気された男」との意味をもつので、人にプレゼントするのはNG。

ごらくは文学から武術まで

中国の長い歴史のなかで生まれた文学や芸能、武術は、今も人びとに楽しまれています。
これらの文化は日本にも取り入れられて、大きな影響を与えました。

文学

中国文学には、漢詩（古典詩）や思想書、長編小説などがあります。なかでも漢詩は、平安貴族の教養の１つとされるほどに溶けこみ、日本文学や芸能に多くの影響を与えました。

諸葛亮孔明や孫悟空などの登場人物も日本で有名だね

三国志演義

中国の後漢・三国時代を舞台とした歴史小説。漢王朝の末裔・劉備をはじめとする武将たちの天下統一の戦いを描く。

西遊記

唐の僧・玄奘がインドから仏典を持ち帰った史実にもとづく。３人の弟子（孫悟空、猪八戒、沙悟浄）との旅物語。

水滸伝

北宋末期の中国が舞台。魔王の生まれ変わりである108人の豪傑が、紆余曲折をへて集結。官軍との戦いと悲劇を描く。

中国生まれのことわざ・格言

「前門の虎、後門の狼」
（趙弼『評史』）

１つの災難を逃れても、またつぎの災難が襲ってくること。元時代の書物『評史』の一説に由来します。

「知らざるを知らずと為す、是知るなり」
（孔子『論語』）

知らないことは知らないと自覚することが、本当に知るということであるという意味。思想書『論語』に由来します。

京劇
きょうげき

　地方大衆歌劇をもとに北京で
発展した、代表的な古典芸能。
民族楽器の楽団が伴奏し、独特
の歌唱やセリフ、しぐさ、立ち
まわりで、ストーリーを展開し
ます。「北京オペラ」ともよば
れます。

©中国駐大阪観光代表処

©中国駐大阪観光代表処

ハオ
好！
よし！

中国雑技
ざつぎ

　卓越した柔軟性と筋力で、サーカス
のような曲芸を見せる伝統芸能。上
海、北京など多くの雑技団があり、美
しくアクロバティックな演技は世界中
で人気。雑技の専門学校もあります。

©mustapha boukhir／Shutterstock.com

太極拳
たいきょくけん

　中国の伝統的な武術。ゆった
りした動きで体内に気を取り入
れることを重視します。現在は
健康法として人気。早朝の公園
で、大勢が太極拳を練習する風
景は、中国各地で見られます。

受験勉強は中国生まれ!?

中国の小学生の生活は勉強第一。とくに算数や英語は、日本の小学生よりも、高いレベルの内容を学んでいます。

1年間の主なイベント例（小学校）

1学期	9月	入学式	9月から新学期がはじまる。10月の国慶節には1週間ほどの連休に。
	10月	国慶節（こっけいせつ）	
	11月	運動会	運動会や遠足、文化祭などの開催は学校ごとにそれぞれちがう。
	12月		
	1月	元日（がんじつ）	
	2月	冬休み	1月末に1学期が終了。春節をふくんで1ヵ月ほどの冬休みがある。
2学期	3月		
	4月		
	5月	労働節（ろうどうせつ）	5月1日の労働節（ろうどうせつ）に合わせた連休がある。
	6月		
	7月	夏休み	学年末は夏。卒業式も夏となる。7月半ばから8月いっぱいが夏休みに。
	8月		

韓国（かんこく）や日本と似（に）た勉強熱心なお国柄（くにがら）

中国の小学校は日本と同じ6年制。その後は、初級中学3年、高級中学3年、大学4年と進むのが一般的（いっぱんてき）です。学校は9月はじまりの2学期制で、授業（じゅぎょう）は週5日、土日はお休みです。

中国では日本以上に受験競争が激（はげ）しく、大学に入るのは容易（ようい）ではありません。小学生から熱心に勉強に取り組みます。かつて中国王朝で行われていた「科挙（かきょ）」という官僚（かんりょう）の採用（さいよう）試験も、非常（ひじょう）に大変なものだったといいますから、昔も今も中国は"受験の国"といえるのかもしれません。しかし、勉強に追われる子どもたちの心や体の発育を心配する声も出ています。

中国では1979年から36年間、「一人（ひとり）っ子政策（こせいさく）」をとっていたため、子ども1人を両親や両祖父母（そふぼ）でたいせつに育てている家庭が多い。一部の過保護（かほご）な親が社会的な問題にもなっている。

義務教育は
日本と同じ
9年間だ

18歳～

大学など

大学や学院があり、4～
5年の本科と2～3年の
専科に分かれている。ま
た、専科レベルの職業技
術を教育する職業技術学
院もある。

15～17歳

高級中学など

日本の高校にあたる。初
級中学と合わせて「中学」
とよぶ。普通教育をする
高級中学のほか、中等専
門学校や技術労働者学校
などがある。

6～11歳

小学校

ふつうは6年間だが、地
域によっては5年制のと
ころもある。公立と私立
の学校があり、寄宿舎
（P32）のある私立小学
校も。

12～14歳

初級中学

日本の中学校にあたり、
初級中学までが義務教
育。ふつうは3年間だが、
小学校5年制・初級中学
4年制を採用していると
ころもある。

これは
ビックリ！

義務教育が
9年より短いこともある

　成績がよければ、学年をこえて進級する「飛
び級」が可能。逆に成績が悪ければ、留年して
同じ学年をやり直します。そのため、9年の義
務教育が短くなったり、長くなったりします。

写真：Imaginechina／アフロ

才能に応じて
エリート教育を
受けられる

　才能に秀でた子どもは、
専門の学校で特別な教育
を受けることも。スポー
ツ選手を育てる体育学校
や京劇の学校、雑技の学
校などがあり、多くは親
もとを離れての寄宿生活
です。世界での活やくを
夢見て、毎日きびしい練
習を続けています。

小学生の1日を見てみよう

朝起きてから登校、授業、放課後まで、中国の小学生は、どんな1日を送っているのでしょうか。みなさんと似ているところ、ちがうところを探してみましょう。

朝食を食べて出発

軽い朝食を食べて学校へ。北京なら7時ごろに家を出ます。徒歩や自転車のほか、保護者に車で送迎してもらう子どももいます。スクールバスも見られます。

屋台で朝食を食べることも多い。「油条」という揚げパンを、豆乳につけて食べるのが定番。

登校するときは ジャージを着る学校も

小学校は私服が多いですが、制服のところもあります。制服といっても日本とはちがい、動きやすいジャージがほとんど。教科書やノート、文房具を入れたかばんを持って登校します。

©Sumeth anu／Shutterstock.com

職場へ向かう保護者といっしょに通う子どもも少なくない。

COLUMN

寄宿舎に入る場合もある

自宅が遠いなどの理由で、寄宿舎に入る子どももいます。家族と離れ、友だちと4〜8人部屋で生活しながら勉強するのです。

そうじや洗たくなど身のまわりのことは自分でしなければなりません。月曜日から金曜日までは学校と寄宿舎、週末だけ家に帰ります。最近は、規則正しい生活習慣を身につけさせようと、全寮制の私立学校を希望する親も増えています。

朝は朝礼や体操をしたり、自習することも

毎週月曜日は国旗掲揚式です。五星紅旗を掲げて国歌を斉唱します。火曜日から金曜日までは、全生徒が校庭に出て元気に体操。読書タイムのある学校もあり、自習をする子どももいます。

©jianbing Lee／Shutterstock.com

授業の合間に「目の体操」

授業の合間には、目の体操を行うのが中国の習慣。1日2回、音楽に合わせて10分ほど、目のまわりや首などをマッサージする。目の疲れをとり、近視をふせぐ効果があるという。

人気のある学校では1クラスに50人以上いることもあるんだって！

教科は日本とよく似ている

1クラス40〜45人が一般的。授業は1コマ40分が基本で、教科ごとに先生が変わります。「語文」は国語（中国語）で、数学は算数、「総合実践活動」は総合学習のようなものです。とくに語文、数学、英語が重視されています。

地域によってことなる時間割

	北京市（一例）	チベット自治区（一例）
1時限	8：00〜8：40	9：05〜9：45
2時限	8：50〜9：30	9：55〜10：35
体　操		
3時限	10：00〜10：40	11：00〜11：40
4時限	10：55〜11：35	11：50〜12：30
昼　休　み		
5時限	13：30〜14：10	15：30〜16：10
6時限	14：25〜15：05	16：20〜17：00

日の出の時間に差があるから西へいくほど時間割がおそくなるよ

小学校6年生の科目（2011年度版）

- 語文（国語）
- 数学（算数）
- 品徳と社会（道徳と社会）
- 科学（理科）
- 外国語（主に英語）
- 体育
- 芸術（音楽、美術）
- 総合実践活動
- 地方と学校が開発する課程

冷めたランチはNG

午前の授業が終われば、おまちかねのランチ。中国人は冷めた料理は好まないので、弁当を持っていくことはありません。

多くの子どもは、学校の食堂で給食を食べます。家に帰って食べたり、お店で買ったりする子どももいます。

長い昼休み。昼寝をして元気をチャージ

中国には昼寝の習慣があるので、昼休みは2〜3時間とたっぷり。ランチでおなかいっぱいになったら、ひと眠りして午後の元気をチャージ。校庭で遊んだり、自習したりもします。

伝統文化を学ぶ授業も

一般の教科以外に、切り絵や武術、書道などの伝統文化を学ぶ課外授業があります。また、クラブ活動もさかん。卓球やバレーボール、舞踊、民族楽器、書道、中国将棋（象棋）などがあり、子どもたちは楽しみながら練習にはげんでいます。

写真：Imaginechina／アフロ

放課後は宿題や習いごとでいそがしい

学校の宿題は毎日出ます。放課後に宿題を終わらせたり、自習をしたりします。

また、習いごとをしている子どもが多く、書道や水泳、楽器、舞踊、絵画、囲碁のほか、補習塾という塾も。週末も、塾や習いごとでいそがしく過ごします。

中国で人気のスポーツ

北京オリンピック開催から、スポーツ熱が高まっている中国。国技といわれる卓球やバドミントンは、老若男女を問わず人気。サッカーは「中国超球」というプロリーグがある。

バスケットボール

体操

卓球

サッカー

バドミントン

これはビックリ！

将棋や囲碁は体育の1つ

中国の囲碁は日本のそれとほぼ同じですが、中国の将棋（象棋）はかなりちがいます。おもしろいのは、これらがスポーツとされていること。「頭脳スポーツ」と考えられ、体育の1つなのです。

サッカー人気は上昇中。2023年には、アジア各国の代表チームが競うサッカー大会・AFCアジアカップが中国で開催される予定。

写真：AFP／アフロ

COLUMN

日本のマンガやキャラクターも人気

「①奥特曼、②美少女战士、③灌篮高手」。これらは、みんなが知っているキャラクターやアニメの中国語ですが、何かわかりますか。

①は『ウルトラマン』、②は『美少女戦士セーラームーン』、③は『SLAM DUNK（スラムダンク）』です。

ほかにも、ドラえもんやクレヨンしんちゃんなど、日本のアニメやキャラクターは中国でも人気。キャラクターグッズもたくさん売られています。

中国版の『SLAM DUNK #1 灌篮高手完全版』（井上雄彦著・長春出版社）。

©井上雄彦 I.T.Planning,Inc.

留学生に聞いてみよう

張 傳博

チョウ デンハクさん
（筑波大学 研究生）
（2019年現在）

子どものころからの夢でした！

昔から、いつか留学して外国で学びたいと考えていました。日本は、アメリカやイギリスよりも中国と近い国なので、日本への留学を決めました。

出身はココ！

中国吉林省長春市
中国の東北にある吉林省の省都で、冬は寒さがとてもきびしい。自動車産業や映画産業がさかんな地域で、「中国長春映画祭」も有名。

Q 日本へ来て、どんなことを感じましたか？

東京スカイツリー。都会でも、並木や公園などの緑があってホッとひといき。

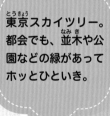

A まちがきれいだと思いました

まちを歩いてみて、きれいだと実感しています。とくに、留学先の大学があるつくば市は、整備されたきれいな都市のまちなみと、筑波山をはじめとする豊かな自然の両方があって、過ごしやすいところです。

こんなところにビックリ！

中国料理のセット
ランチセットなどで、「ギョーザ・ラーメン・チャーハン」がいっしょに提供される様子を見て、ビックリ。中国ではいずれも主食。3つの主食を同時に食べることにおどろきました。

Q 日本と中国の子どもの くらしはちがいますか？

A 中国の子どもたちは遊ぶ時間が あまりありません

中国の子どもたちは、学校のほかに、英語やピアノ、ロボットづくり、書道など、さまざまな塾や習いごとに通っています。そのため遊ぶ時間はあまりとれません。日本の子どもたちも習いごとはありますが、遊ぶための余裕が中国よりあるように感じます。どちらの子どもたちも、遊ぶ時間がもう少しあるといいなと思います。

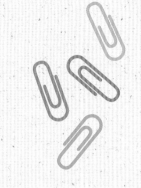

小学生のころ……

好きだった科目
国語
いろいろな文章を読むことができて、世界が広がることがおもしろい。

がんばって運動しても、なかなか合格点がもらえなかった。

苦手だった科目
体育

Q 好きな食べ物は 何ですか？

A 「さしみ」が大好きです

日本で食べた新鮮なさしみは、歯ごたえがあって、甘みもあっておいしかったです。中国の料理では四川料理が好きです。中国は国土が広いので、東西南北それぞれの味の世界がことなります。多様性に富んでいて、おどろくこともあります。

Q 好きな言葉を 教えてください

A 「一期一会」です

日本の茶道に由来する言葉で、「その機会を一生に一度のことだと考えて、誠意をつくす」という意味です。出会っている一人ひとりをたいせつにして、もっともよい自分で接することができれば、その後の人生で後悔が残らないことを教えてくれました。

四川料理の焼き魚。唐辛子などの香辛料がたっぷり。

あれもこれも
中国製!?

「世界の工場」とよばれるほど、工業を中心に発展した中国。
現在の日本とのつながりをくわしく見ていきましょう。

● 日中の貿易総額（日本の貿易全体における割合）

2000年	9兆2,158億円（10.0%）
2010年	26兆4,985億円（20.7%）
2018年	35兆914億円（21.4%）

（資料：財務省貿易統計）

日本 ➡ 中国

その他

電気機器や
その部分品
24.7%

日本の輸出額
15兆9,010億円
（2018年）

プラスチックなど
5.5%

機械など
22.6%

光学機器など
8.8%

自動車や
部分品など
10.1%

（資料：財務省貿易統計、
「世界貿易投資報告2019年版」JETRO）

中国との貿易額は
こんなに
増えているよ

日本から中国への輸出品は、ＩＣ（集積回路）や半導体といった電気機器や精密機械が多く、自動車は高級車が中心。近年、大きく伸びているのが化粧品です。

写真：AP／アフロ

東京商工リサーチの調査によると、中国には約1,890社の日系企業が進出。電機、自動車などの製造業が多い。中国に住む日本人も12万人以上いる。

おたがいに大事な貿易相手

中華人民共和国を建国した毛沢東が亡くなると、新たな指導者である鄧小平は、経済開放改革を進めます。豊かな労働力と天然資源、広大な耕地をもとに、中国経済は発展。GDP世界1位、輸出額トップの貿易大国となりました。

日本にとって中国は、輸出・輸入ともに最大の貿易相手。中国にとっても、日本は第3位の輸出相手、第2位の輸入相手国です。

● 2017年　中国の主な農・畜産物の生産量（割合）

米	2億1,268万トン（27.6%）
小麦	1億3,433万トン（17.4%）
かんしょ（さつまいも※）	7,057万トン（67.1%）
にんじん	2,027万トン（47.3%）
リンゴ	4,139万トン（49.8%）
茶	246万トン（40.3%）
豚肉	5,452万トン（45.5%）

（参考資料：『世界国勢図会　2019/20年版』）※2016年の数値

中国 → 日本

その他

電気機器や
その部分品
27.8%

日本の輸入額
19兆1,871億円
（2018年）

機械類
17.7%

プラスチックなど
2.9%

衣類など
9.8%

（資料：財務省貿易統計、
「世界貿易投資報告2019年版」JETRO）

中国からの輸入品は、電話機、携帯電話などの電気機器がもっとも多く、ついで、パソコンやプリンターなどの機械類、さらに衣類、プラスチック製品となっています。

人口の多い中国は
食料生産大国であり
食料消費大国でも
あるんだ

商品タグを
よくみると
記載があるね

「MADE IN CHINA」は中国製の証。衣類やおもちゃ、生活用品など、たくさんある。

国と国をパンダがつなぐ

パンダは、中国にしかいない希少な動物で、その愛くるしさは世界中で人気。
中国はこのパンダを友好の証としておくる「パンダ外交」をすすめています。

ジャイアントパンダ 〔英名〕Giant Panda 〔中国名〕大熊猫

体の大きさ	体長120～150㎝／体重85～150㎏／体高70～80㎝
生息地	四川省、陝西省、甘粛省の標高1,300m以上の山の中
生息数	約1,800頭（2015年2月発表）

初めて日本にやってきたパンダ

メス
ランラン
（蘭蘭）
4歳のときに来日
（1968年生まれ→
1979年死亡）

オス
カンカン
（康康）
2歳のときに来日
（1970年生まれ→
1980年死亡）

1972年11月4日、東京・上野動物園での歓迎会の後、取材の報道陣に囲まれた。

©毎日新聞社／アフロ

1972年に友好の証として日本へおくられた

　中国から日本に、初めてパンダがおくられたのは1972年。中国と日本の国交正常化を記念して、2頭のパンダが中国から東京・上野動物園にやってきたのです。日本中がパンダブームにわき、上野動物園の来園者数は、1974年に764万7,440人と過去最多を記録しました。

　兵庫県・神戸市立王子動物園や和歌山県・アドベンチャーワールドにも、中国からパンダが来ています。アドベンチャーワールドでは、日中共同でパンダの自然繁殖の研究を行っており、つぎつぎに赤ちゃんも生まれています。どこの動物園でもパンダは大人気。パンダがいることで、大きな経済効果が生まれています。

友好の証として
日本から中国へは
桜の苗木が
おくられたよ

日本からおくられたオオヤマザクラが植えられた北京の玉淵潭公園は、桜の名所になっている。

レンタルで広がるパンダ外交

中国は1981年に、野生生物の保護を目的とするワシントン条約に加盟。このため、パンダの国際取引はできなくなりました。そこで中国は、中国籍のパンダをレンタルという形で各国におくっています。パンダレンタルは中国のイメージアップになるとともに、相手国にとっても、経済効果が大きいもの。ただ、レンタル料は高く、オスメス1組で年間1億円程度といわれています。レンタル料が払えなくなって、パンダを返還した国もあります。

写真：望月仁／アフロ

日本生まれの赤ちゃんでも中国籍となる。上野動物園で生まれたシャンシャンの返還期限は2020年12月31日予定。

わぁ～
10年借りたら
10億円!?

レンタルされるパンダ

中国

レンタル料
（オスメス1組で、年間1億円程度といわれている）

日本などの外国

中国からパンダがおくられた主な国

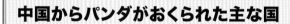

ベルギー
オランダ
イギリス
フランス
ドイツ
オーストリア
スペイン

中国

韓国
日本
オーストラリア

カナダ
アメリカ
メキシコ

タイ
シンガポール
マレーシア
インドネシア

中国がパンダをおくったのは、1972年のアメリカが初めて。以来、ヨーロッパや東南アジアなどの約20ヵ国にパンダをおくっています。

多くの中国人が日本へ！

留学でも観光でも、日本を訪れる外国人のなかで、もっとも多いのが中国人。
訪日中国人に対応するために、日本各地でさまざまな試みが行われています。

外国人留学生の主な出身国・地域（2018年）

1位 中国 → 11万4,950人

2位 ベトナム → 7万2,354人

3位 ネパール → 2万4,331人

（資料：「平成30年度外国人留学生在籍状況調査結果」
日本学生支援機構　2018年5月1日現在）

2018年に、外国から日本へきた留学生数は、およそ30万人。国・地域別でみると、もっとも多いのが中国で、約11万5,000人が勉強のために来日しています。

作家の魯迅は現在の東北大学に、政治家の周恩来は明治大学などに留学したんだって

東京都千代田区の神保町愛全公園には、周恩来の記念碑がある。

日本語学習者の多い国・地域（2015年）

1位 中国 → 95万3,283人

2位 インドネシア → 74万5,125人

3位 韓国 → 55万6,237人

学校などで日本語を学習している人は約365万人（2015年度調査）。中国が95万人以上とトップで、中学や高校で勉強する人が多い。ただ近年は、英語重視の方針から減少傾向に。

　（資料：「2015年度海外日本語教育機関調査結果」国際交流基金）

日本への入国者の多い国・地域 (2018年)

1位 中国 ➡ 838万34人

2位 韓国 ➡ 753万8,952人

3位 台湾 ➡ 475万7,258人

4位 香港 ➡ 220万7,804人

5位 アメリカ ➡ 152万6,407人

（資料：「2018年訪日外客数（総数）」JNTO）

これまでの中国人旅行客は、家電や化粧品の買い物や、ゴールデンルート（東京、富士山、京都、大阪）をめぐる団体旅行が定番でした。けれども近年は、個人で鳥取や富山、青森、北海道、九州など地方旅行をする人も増えています。

©パン・パシフィック・インターナショナルホールディングス

日本情緒あふれる浅草は、外国人に人気の観光地。案内地図は英語をはじめ、中国語など13言語の種類がある。

中国語や韓国語で書かれた店頭広告。中国のクレジットカードやアプリ決済への対応も進んでいる。

©台東区

山梨県の外国人宿泊客は中国人がもっとも多く、約半数をしめる。中国語専用観光サイトが開設されている。

東京メトロの駅には、中国語など外国語の案内表示が増えている。中国語のアナウンスが流れる電車もある。

東京メトロ提供

日本だけどここは中国？

海外に移住した中国人は独自のまちをつくります。そのまちなみやくらしぶりは、まるで中国のよう！　こうした中華街は欧米や東南アジアなど、世界中にあります。

横浜、長崎、神戸に日本三大中華街がある

　日本の中華街は、横浜、長崎、神戸にあり、日本三大中華街とよばれています。中国料理店をはじめ、中国雑貨や中華食材などのお店がたくさんならんでいて、グルメスポットや観光地として人気。横浜中華街には学校もあります。

　春節や中秋節など、中国の年中行事にちなんだイベントも行われています。

© 長崎県観光連盟

長崎新地中華街を中心とした長崎ランタンフェスティバル。1万個以上のランタンがかざられる。

写真提供・横浜中華街発展会協同組合

横浜中華街のシンボルともいえる「善隣門」。となりの国や家となかよくするという意味がこめられている。

神戸の南京町では春節祭を開催。龍舞や獅子舞、三国志の英雄に仮装したパレードなどがある。

© 南京町商店街振興組合

©日本武術太極拳連盟、福島県喜多方市

地域に広まる中国文化

中国料理以外に、書道や太極拳など、さまざまな中国文化が日本に広まっています。とくに太極拳は生涯スポーツとして、また介護予防体操としても注目されています。

日本には太極拳の愛好者が約150万人もいるんだって!

（演武者：市来崎大祐、市来崎直子）

「太極拳のまち」宣言をした福島県喜多方市。講習会や演武会、日中交流会などを行っている。

日本と中国の友好都市クイズ

文化交流や親善を目的としてむすびついた都市と都市のことを、友好都市とよんでいます。日本の県市区町村で、中国の自治体と友好提携している都市は368もあり、それぞれ独自に交流を深めています。どの都市が友好提携しているか当ててみてください。

中国の都市

1～6がそれぞれどんな都市なのかヒントを読んでみよう。

日本の都市

中国の都市1～6と友好提携している日本の都市をA～Fの中から選んで□に書こう。

1 トルファン市
トルファン市と同じブドウの産地として有名なのは？

2 山東省泰安市
泰山という名山が有名。高野山のある市と友好関係に。

3 福建省泉州市
琉球王国からの使者が朝貢の際、泉州の港から入った。

4 陝西省西安市
西安市は唐の都があった。それを模した平城京はどこ？

5 北京市
中国の首都と日本の首都は、昭和54年に友好都市に。

6 江西省景徳鎮市
景徳鎮市は磁器の町として発展。せとものの町は？

A 東京都

B 甲州市（山梨県）

C 瀬戸市（愛知県）

D 奈良市（奈良県）

E 橋本市（和歌山県）

F 浦添市（沖縄県）

45

全巻共通さくいん

さくいんの見方
②4→第2巻の4ページ。

このシリーズで紹介している主な国、地域、都市（青字は地域、都市名）

＊45ページ「姉妹都市クイズ」の答え…1-B、2-E、3-F、4-D、5-A、6-C

もっと知りたい人は調べてみよう！

【世界の国・地域全般について】

外務省「国・地域」
https://www.mofa.go.jp/mofaj/area/index.html

国際協力機構（JICA）キッズコーナー
「どうなってるの？世界と日本―私たちの日常から途上国とのつながりを学ぼう」など
https://www.jica.go.jp/kids/

【貿易について】

日本貿易会　JFTCきっず★サイト
https://www.jftc.or.jp/kids/

日本貿易振興機構（ジェトロ）
「国・地域別に見る」
https://www.jetro.go.jp/world/

【世界の学校、子どもたちについて】

外務省　キッズ外務省
「世界の学校を見てみよう！」
https://www.mofa.go.jp/mofaj/kids/kuni/index.html

日本ユニセフ協会
子どもと先生の広場「世界のともだち」
https://www.unicef.or.jp/kodomo/lib/lib1_bod.html

【国際交流などについて】

自治体国際化協会（クレア）「自治体間交流」
http://www.clair.or.jp/j/exchange/

日本政府観光局（JNTO）「統計・データ」
https://www.jnto.go.jp/jpn/statistics/index.html

監修

井田仁康（いだ・よしやす）

筑波大学人間系教授。1958年生まれ。社会科教育、特に地理教育の研究を行っているほか、国際地理オリンピックにもたずさわっている。

取材協力　張傳博
イラスト　植木美江
デザイン　八月朔日英子
校正　　　渡邉郁夫
編集協力　オフィス201（高野恵子）、寺本彩

写真協力・提供（写真の位置は、各ページの上から順に番号をふりました）

アフロ（P13②、P26①、P31①、P34①、P35①、P38①、P40①、P41①）／沖縄県立博物館・美術館（P12①）／貴州省日本観光センター（P25①③④、P27①②）／Shutterstock.com（P8①、P16①、P17①、p21①、p23②、P24②、P25②、P29④、P32②、P33①、P38①）／台江県文体広電旅游局（P25③④）／台東区役所観光課（P43②）／中国駐大阪観光代表処（P6①②、P7①②③④⑤、P8②、P9①②③④、P10①、P13③、P16②、P17②③、P29①②③）／張傳博（P36①②、P37①）／東京メトロ（P43④）／長崎県観光連盟（P44①）／奈良県奈良市（P11②）／南京町商店街振興組合（P44③）／日本武術太極拳連盟（P45①②）／パン・パシフィック・インターナショナルホールディングス（P43①）／福岡市博物館（P11①）／福島県喜多方市（P45①②）／香港政府観光局（P8③、P21②、P23①、P24③）／マカオ政府観光局（P8④、P22①②）／南三陸観光協会（P13①）／やまなし観光推進機構（P43③）／横浜中華街発展会協同組合（P44②）
【表紙左：マカオ政府観光局、表紙右から3点：中国駐大阪観光代表処】

＊写真は、権利者の許諾を得て、または、収蔵元の指定する手続に則って使用していますが、心当たりのあるかたは、編集部までご連絡ください。

参考文献

『アジアの小学生 中国の小学生①』（河添恵子取材・編集・執筆／学研教育出版）
『絵本 世界の食事[8]中国のごはん』（銀城康子文、神谷京絵／農文協）
『海外の日本語教育の現状2017年発行』（国際交流基金）
『基本地図帳改訂版2019-2020』（二宮書店）
『きみにもできる国際交流①中国』（西村成雄監修・著／偕成社）
『教科で学ぶ パンダ学』（小宮輝之監修、稲葉茂勝著／今人舎）
『国別大図解 世界の地理 アジアの国々①（東・東南アジア）』（井田仁康監修／学研）
『しらべよう！世界の料理①東アジア 日本 韓国 中国 モンゴル』（青木ゆり子監修／ポプラ社）
『シリーズ世界の食生活 ①中国』（エイミー・シュイ著／リブリオ出版）
『世界国勢図会2019／20年版』（矢野恒太記念会）
『世界の市場 アジア編③ 中国・台湾』（こどもくらぶ編／アリス館）
『世界のともだち22 中国 ニーハオ！わたしはチューチン』（片野田斉写真・文／偕成社）
『世界の民族衣装図鑑』（文化学園服飾博物館編著／ラトルズ）
『体験取材！世界の国ぐに―11 中国』（吉田忠正文・写真、丹藤佳紀監修／ポプラ社）
『中国食文化事典』（中山時子監修／角川書店）
『中国文化事典』（中国文化事典編集委員会編／丸善出版）
『データブック オブ・ザ・ワールド2019』（二宮書店）
『ナショナルジオグラフィック 世界の国 中国』（ジェン・グリーン著／ほるぷ出版）
『ニューワイドずかん百科 世界がわかる子ども図鑑』（学研）
『はじめての外国語（アジア編）中国のことば』（西村成雄監修／文研出版）
★

もっと調べる　世界と日本のつながり❸
中 国

NDC290

2020年1月31日　第1刷発行
2021年5月31日　第2刷発行

48p　29cm×22cm

監　修　井田仁康
発行者　岩崎弘明
発行所　株式会社 岩崎書店　〒112-0005　東京都文京区水道1-9-2
　　　　　　電話　03-3813-5526（編集）　03-3812-9131（営業）
　　　　　　振替　00170-5-96822

印刷・製本　図書印刷株式会社

もっと調べる
世界と日本の
つながり

全 5 巻

［監修］井田仁康

第 1 巻
韓 国

第 2 巻
アメリカ

第 3 巻
中 国

第 4 巻
サウジアラビア

第 5 巻
日本と結びつきの強い国ぐに

岩崎書店

キーワードで調べてみよう

このシリーズでは、下のようなさまざまな切り口から
日本と外国のつながりを紹介しています。

国

どんな国旗があるかな？
主な都市、通貨、
気候、祝祭日、言葉、
歴史なども見てみよう。

© Irfan Mulla/Shutterstock.com

宗教

サウジアラビアでは
イスラム教にのっとって
生活するんだ。それぞれの
国の宗教を調べてみよう。

© Korea Tourism Organization

貿易

日本と外国は、たがいに
モノやエネルギーを売ったり
買ったりしているよ。

食・衣服・
くらしの習慣

食べ物や民族衣装、
日々の生活は、日本とどんな
ちがいがあるだろう？

留学生

外国から日本へ
留学している人の話を
聞いてみよう。